国学十三经 七

庄子

外篇
杂篇

线装书局

不止。是殆见吾杜德机也。尝又与来。』

明日，又与之见壶子。出而谓列子曰：『幸矣！子之先生遇我也，有瘳矣！全然有生矣！吾见其杜权矣！』

列子入，以告壶子。壶子曰：『乡吾示之以天壤，名实不入，而机发于踵。是殆见吾善者机也。尝又与来。』

明日，又与之见壶子。出而谓列子曰：『子之先生不齐，吾无得而相焉。试齐，且复相之。』

列子入，以告壶子。壶子曰：『乡吾示之以太冲莫胜，是殆见吾衡气机也。鲵桓之审为渊，止水之审为渊，流水之审为渊。渊有九名，此处三焉。尝又与来。』

明日，又与之见壶子。立未定，自失而走。壶子曰：『追之！』

列子追之不及。反，以报壶子曰：『已灭矣，已失矣，吾弗及已。』

壶子曰：『乡吾示之以未始出吾宗。吾与之虚而委蛇，不知其谁何，因以为弟靡，因以为波流，故逃也。』然后列子自以为未始学而归。三年不出，为其妻爨，食豕如食人。于事无与亲，雕琢复朴，块然独以其形立。纷而封哉，一以是终。

无为名尸，无为谋府，无为事任，无为知主。体尽无穷，而游无朕。尽其所受乎天而无见得，亦虚而已。至人之用心若镜，不将不迎，应而不藏，故能胜物而不伤。

南海之帝为儵，北海之帝为忽，中央之帝为浑沌。儵与忽时相与遇于浑沌之地，浑沌待之甚善。儵与忽谋报浑沌之德，曰：『人皆有七窍以视听食息，此独无有，尝试凿之。』日凿一窍，七日而浑沌死。

外篇

骈拇第八

骈拇枝指出乎性哉，而侈于德；附赘县疣出乎形哉，而侈于性；多方乎仁义而用之者，列于五藏哉，而非道德之正也。是故骈于足者，连无用之肉也；枝于手者，树无用之指也；多方骈枝于五藏之情者，淫僻于仁义之行，而多方于聪明之用也。

是故骈于明者，乱五色，淫文章，青黄黼黻之煌煌非乎？而离朱是已。多于聪者，乱五声，淫六律，金石丝竹黄钟大吕之声非乎？而师旷是已。枝于仁者，擢德塞性以收名声，使天下簧鼓以奉不及之法非乎？而曾、史是已。骈于辩者，累瓦结绳窜句，游心于坚白同异之间，而敝跬誉无用之言非乎？而杨、墨是已。故此皆多骈旁枝之道，非天下之至正也。

彼至正者，不失其性命之情。故合者不为骈，而枝者不为跂；长者不为有余，短者不为不足。是故凫胫虽短，续之则忧；鹤胫虽长，断之则悲。故性长非所断，性短非所续，无所去忧也。

意仁义其非人情乎！彼仁人何其多忧也？且夫骈于拇者，决之则泣；枝于手者，龁之则啼。二者或有余于数，或不足于数，其于忧一也。今世之仁人，蒿目而忧世之患；不仁之人，决性命之情而饕贵富。故意仁义其非人情乎！自三代以下者，天下何其嚣嚣也。

且夫待钩绳规矩而正者，是削其性者也；待绳约胶漆而固者，是侵其德者也；屈折礼乐，呴俞仁义，以慰天下之心者，此失其常然也。天下有

常然。常然者，曲者不以钩，直者不以绳，圆者不以规，方者不以矩，附离不以胶漆，约束不以纆索。故天下诱然皆生，而不知其所以生；同焉皆得，而不知其所以得。故古今不二，不可亏也。则仁义又奚连连如胶漆纆索而游乎道德之间为哉！使天下惑也！

夫小惑易方，大惑易性。何以知其然邪？自虞氏招仁义以挠天下也，天下莫不奔命于仁义。是非以仁义易其性与？故尝试论之：自三代以下者，天下莫不以物易其性矣。小人则以身殉利，士则以身殉名，大夫则以身殉家，圣人则以身殉天下。故此数子者，事业不同，名声异号，其于伤性以身为殉，一也。臧与谷，二人相与牧羊而俱亡其羊。问臧奚事，则挟筴读书；问谷奚事，则博塞以游。二人者，事业不同，其于亡羊均也。伯夷死名于首阳之下，盗跖死利于东陵之上。二人者，所死不同，其于残生伤性均也。奚必伯夷之是而盗跖之非乎？天下尽殉也。彼其所殉仁义也，则俗谓之君子；其所殉货财也，则俗谓之小人。其殉一也，则有君子焉，有小人焉。若其残生损性，则盗跖亦伯夷已，又恶取君子小人于其间哉？

且夫属其性乎仁义者，虽通如曾、史，非吾所谓臧也；属其性于五味，虽通如俞儿，非吾所谓臧也；属其性乎五声，虽通如师旷，非吾所谓聪也；属其性乎五色，虽通如离朱，非吾所谓明也。吾所谓臧者，非仁义之谓也，臧于其德而已矣；吾所谓臧者，非仁义之谓也，任其性命之情而已矣；吾所谓聪者，非谓其闻彼也，自闻而已矣；吾所谓明者，非谓其见彼也，自见而已矣。夫不自见而见彼，不自得而得彼者，是得人之得而不自得其得者也，适人之适而不自适其适者也。夫适人之适而不自适其适，虽盗跖与伯夷，是同为淫僻也。余愧乎道德，是以上不敢为仁义之操，而下不敢为淫僻之行也。

马蹄第九

马，蹄可以践霜雪，毛可以御风寒。龁草饮水，翘足而陆，此马之真性也。虽有义台路寝，无所用之。及至伯乐，曰：『我善治马。』烧之剔之，刻之雒之。连之以羁馽，编之以皂栈，马之死者十二三矣；饥之渴之，驰之骤之，整之齐之，前有橛饰之患，而后有鞭筴之威，而马之死者已过半矣。陶者曰：『我善治埴。圆者中规，方者中矩。』匠人曰：『我善治木。曲者中钩，直者应绳。』夫埴木之性，岂欲中规矩钩绳哉？然且世世称之曰：『伯乐善治马，而陶匠善治埴木。』此亦治天下者之过也。

吾意善治天下者不然。彼民有常性，织而衣，耕而食，是谓同德。一而不党，命曰天放。故至德之世，其行填填，其视颠颠。当是时也，山无蹊隧，泽无舟梁；万物群生，连属其乡；禽兽成群，草木遂长。是故禽兽可系羁而游，乌鹊之巢可攀援而窥。

夫至德之世，同与禽兽居，族与万物并，恶乎知君子小人哉！同乎无知，其德不离；同乎无欲，是谓素朴。素朴而民性得矣。及至圣人，蹩躠为仁，踶跂为义，而天下始疑矣；澶漫为乐，摘僻为礼，而天下始分矣。故纯朴不残，孰为牺尊？白玉不毁，孰为珪璋？道德不废，安取仁义？性情不离，安用礼乐？五色不乱，孰为文采？五声不乱，孰应六律？夫残朴以为器，工匠之罪也；毁道德以为仁义，圣人之过也。

夫马，陆居则食草饮水，喜则交颈相靡，怒则分背相踶。马知已此矣。

夫加之以衡扼，齐之以月题，而马知介倪、闉扼、鸷曼、诡衔、窃辔。故马之知而态至盗者，伯乐之罪也。

夫赫胥氏之时，民居不知所为，行不知所之，含哺而熙，鼓腹而游，民能以此矣。及至圣人，屈折礼乐以匡天下之形，县跂仁义以慰天下之心，而民乃始踶跂好知，争归于利，不可止也。此亦圣人之过也。

胠箧第十

将为胠箧、探囊、发匮之盗而为守备，则必摄缄縢，固扃鐍，此世俗之所谓知也。然而巨盗至，则负匮、揭箧、担囊而趋，唯恐缄縢、扃鐍之不固也。然则乡之所谓知者，不乃为大盗积者也？

故尝试论之：世俗之所谓知者，有不为大盗积者乎？所谓圣者，有不为大盗守者乎？何以知其然邪？昔者，齐国邻邑相望，鸡狗之音相闻，罔罟之所布，耒耨之所刺，方二千余里。阖四竟之内，所以立宗庙社稷，治邑屋州闾乡曲者，曷尝不法圣人哉？然而田成子一旦杀齐君而盗其国，所盗者岂独其国邪？并与其圣知之法而盗之。故田成子有乎盗贼之名，而身处尧舜之安。小国不敢非，大国不敢诛，十二世有齐国。则是不乃窃齐国，并与其圣知之法，以守其盗贼之身乎？

尝试论之：世俗之所谓至知者，有不为大盗积者乎？所谓至圣者，有不为大盗守者乎？何以知其然邪？昔者龙逄斩，比干剖，苌弘胣，子胥靡。故四子之贤而身不免乎戮。故跖之徒问于跖曰：『盗亦有道乎？』跖曰：『何适而无有道邪？夫妄意室中之藏，圣也；入先，勇也；出后，义也；知可否，知也；分均，仁也。五者不备而能成大盗者，天下未之有也。』由是观之，善人不得圣人之道不立，跖不得圣人之道不行。天下之善人少而不善人多，则圣人之利天下也少而害天下也多。故曰：唇竭则齿寒，鲁酒薄而邯郸围，圣人生而大盗起。掊击圣人，纵舍盗贼，而天下始治矣。

夫川竭而谷虚，丘夷而渊实。圣人已死，则大盗不起，天下平而无故矣。圣人不死，大盗不止。虽重圣人而治天下，则是重利盗跖也。为之斗斛以量之，则并与斗斛而窃之；为之权衡以称之，则并与权衡而窃之；

为之符玺以信之，则并与符玺而窃之；为之仁义以矫之，则并与仁义而窃之。何以知其然邪？彼窃钩者诛，窃国者为诸侯，诸侯之门而仁义存焉，则是非窃仁义圣知邪？故逐于大盗，揭诸侯，窃仁义并斗斛、权衡、符玺之利者，虽有轩冕之赏弗能劝，斧钺之威弗能禁。此重利盗跖而使不可禁者，是乃圣人之过也。

故曰：『鱼不可脱于渊，国之利器不可以示人。』彼圣人者，天下之利器也，非所以明天下也。故绝圣弃知，大盗乃止；擿玉毁珠，小盗不起；焚符破玺，而民朴鄙；掊斗折衡，而民不争；殚残天下之圣法，而民始可与论议；擢乱六律，铄绝竽瑟，塞瞽旷之耳，而天下始人含其聪矣；灭文章，散五采，胶离朱之目，而天下始人含其明矣。毁绝钩绳而弃规矩，攦工倕之指，而天下始人有其巧矣。故曰：大巧若拙。削曾、史之行，钳杨、墨之口，攘弃仁义，而天下之德始玄同矣。彼人含其明，则天下不铄矣；人含其聪，则天下不累矣；人含其知，则天下不惑矣；人含其德，则天下不僻矣。彼曾、史、杨、墨、师旷、工倕、离朱，皆外立其德而爚乱天下者也，法之所无用也。

子独不知至德之世乎？昔者容成氏、大庭氏、伯皇氏、中央氏、栗陆氏、骊畜氏、轩辕氏、赫胥氏、尊卢氏、祝融氏、伏羲氏、神农氏，当是时也，民结绳而用之。甘其食，美其服，乐其俗，安其居，邻国相望，鸡狗之音相闻，民至老死而不相往来。若此之时，则至治已。今遂至使民延颈举踵，曰『某所有贤者』，赢粮而趣之，则内弃其亲而外去其主之事，足迹接乎诸侯之境，车轨结乎千里之外。则是上好知之过也！

上诚好知而无道，则天下大乱矣。何以知其然邪？夫弓、弩、毕、弋、机变之知多，则鸟乱于上矣；钩饵、罔罟、罾笱之知多，则鱼乱于水矣；削格、罗落、罝罘之知多，则兽乱于泽矣；知诈渐毒、颉滑坚白、解垢同异之变多，则俗惑于辩矣。故天下每每大乱，罪在于好知。故天下皆知求其所不知而莫知求其所已知者，皆知非其所不善而莫知非其所已善者，是以大乱。故上悖日月之明，下烁山川之精，中堕四时之施。惴耎之虫，肖翘之物，莫不失其性。甚矣，夫好知之乱天下也！自三代以下者是已！舍夫

种种之民而悦夫役役之佞；释夫恬淡无为而悦夫哼哼之意，哼哼已乱天下矣。

在宥第十一

闻在宥天下，不闻治天下也。在之也者，恐天下之淫其性也；宥之也者，恐天下之迁其德也。天下不淫其性，不迁其德，有治天下者哉！昔尧之治天下也，使天下欣欣焉人乐其性，是不恬也；桀之治天下也，使天下瘁瘁焉人苦其性，是不愉也。夫不恬不愉，非德也；非德也而可长久者，天下无之。

人大喜邪，毗于阳；大怒邪，毗于阴。阴阳并毗，四时不至，寒暑之和不成，其反伤人之形乎！使人喜怒失位，居处无常，思虑不自得，中道不成章。于是乎天下始乔诘卓鸷，而后有盗跖、曾、史之行。故举天下以赏其善者不足，举天下以罚其恶者不给。故天下之大不足以赏罚。自三代以下者，匈匈焉终以赏罚为事，彼何暇安其性命之情哉！

而且说明邪，是淫于色也；说聪邪，是淫于声也；说仁邪，是乱于德也；说义邪，是悖于理也；说礼邪，是相于技也；说乐邪，是相于淫也；说圣邪，是相于艺也；说知邪，是相于疵也。天下将安其性命之情，之八者，存可也，亡可也；天下将不安其性命之情，之八者，乃始脔卷獊囊而乱天下也。而天下乃始尊之、惜之。甚矣，天下之惑也！岂直过也而去之邪！乃齐戒以言之，跪坐以进之，鼓歌以儛之。吾若是何哉！

故君子不得已而临莅天下，莫若无为。无为也，而后安其性命之情。故贵以身为天下，则可以托天下；爱以身为天下，则可以寄天下。故君子苟能无解其五藏，无擢其聪明，尸居而龙见，渊默而雷声，神动而天随，从容无为而万物炊累焉。吾又何暇治天下哉！

崔瞿问于老聃曰：『不治天下，安臧人心？』

老聃曰：『女慎无撄人心。人心排下而进上，上下囚杀，淖约柔乎刚强。廉刿雕琢，其热焦火，其寒凝冰。其疾俯仰之间而再抚四海之外。其居也，渊而静；其动也，县而天。偾骄而不可系者，其唯人心乎！

『昔者黄帝始以仁义撄人之心，尧、舜于是乎股无胈，胫无毛，以养天下

之形。愁其五藏以为仁义，矜其血气以规法度。然犹有不胜也，尧于是放讙兜于崇山，投三苗于三峗，流共工于幽都，此不胜天下也。夫施及三王而天下大骇矣。下有桀、跖，上有曾、史，而儒墨毕起。于是乎喜怒相疑，愚知相欺，善否相非，诞信相讥，而天下衰矣。大德不同，而性命烂漫矣；天下好知，而百姓求竭矣。于是乎釿锯制焉，绳墨杀焉，椎凿决焉。天下脊脊大乱，罪在撄人心。故贤者伏处大山嵁岩之下，而万乘之君忧栗乎庙堂之上。『今世殊死者相枕也，桁杨者相推也，形戮者相望也，而儒墨乃始离跂攘臂乎桎梏之间。意，甚矣哉！其无愧而不知耻也甚矣！吾未知圣知之不为桁杨椄槢也，仁义之不为桎梏凿枘也，焉知曾、史之不为桀、跖嚆矢也！故曰：「绝圣弃知，而天下大治」』。

黄帝立为天子十九年，令行天下，闻广成子在于空同之山，故往见之，曰：『我闻吾子达于至道，敢问至道之精。吾欲取天地之精，以佐五谷，以养民人。吾又欲官阴阳以遂群生，为之奈何？』

广成子曰：『而所欲问者，物之质也；而所欲官者，物之残也。自而治天下，云气不待族而雨，草木不待黄而落，日月之光益以荒矣，而佞人之心翦翦者，又奚足以语至道！』

黄帝退，捐天下，筑特室，席白茅，闲居三月，复往邀之。

广成子南首而卧，黄帝顺下风膝行而进，再拜稽首而问曰：『闻吾子达于至道，敢问治身奈何而可以长久？』

广成子蹶然而起，曰：『善哉问乎！来！吾语汝至道：至道之精，窈窈冥冥；至道之极，昏昏默默。无视无听，抱神以静，形将自正。必静必清，无劳汝形，无摇汝精，乃可以长生。目无所见，耳无所闻，心无所知，汝神将守形，形乃长生。慎汝内，闭汝外，多知为败。我为汝遂于大明之上矣，至彼至阳之原也；为汝入于窈冥之门矣，至彼至阴之原也。天地有官，阴阳有藏，慎守汝身，物将自壮。我守其一以处其和，故我修身千二百岁矣，吾形未常衰。』

黄帝再拜稽首曰：『广成子之谓天矣！』

广成子曰：『来！余语汝。彼其物无穷，而人皆以为有终；彼其物

无测，而人皆以为有极。得吾道者，上为皇而下为王；失吾道者，上见光而下为土。今夫百昌皆生于土而反于土，故余将去汝，入无穷之门，以游无极之野。吾与日月参光，吾与天地为常。当我，缗乎！远我，昏乎！人其尽死，而我独存乎！』

云将东游，过扶摇之枝而适遭鸿蒙。鸿蒙方将拊脾雀跃而游。云将见之，倘然止，贽然立，曰：『叟何人邪？叟何为此？』

鸿蒙拊脾雀跃不辍，对云将曰：『游！』

云将曰：『朕愿有问也。』

鸿蒙仰而视云将曰：『吁！』

云将曰：『天气不和，地气郁结，六气不调，四时不节。今我愿合六气之精以育群生，为之奈何？』

鸿蒙拊脾雀跃掉头曰：『吾弗知！吾弗知！』

云将不得问。又三年，东游，过有宋之野而适遭鸿蒙。云将大喜，行趋而进曰：『天忘朕邪？天忘朕邪？』再拜稽首，愿闻于鸿蒙。

鸿蒙曰：『浮游不知所求，猖狂不知所往，游者鞅掌，以观无妄。朕又何知！』

云将曰：『朕也自以为猖狂，而民随予所往；朕也不得已于民，今则民之放也。愿闻一言。』

鸿蒙曰：『乱天之经，逆物之情，玄天弗成；解兽之群而鸟皆夜鸣；灾及草木，祸及止虫。意！治人之过也。』

云将曰：『然则吾奈何？』

鸿蒙曰：『意！毒哉！僊僊乎归矣！』

云将曰：『吾遇天难，愿闻一言。』

鸿蒙曰：『意！心养！汝徒处无为，而物自化。堕尔形体，黜尔聪明，伦与物忘，大同乎涬溟。解心释神，莫然无魂。万物云云，各复其根，各复其根而不知。浑浑沌沌，终身不离；若彼知之，乃是离之。无问其名，无窥其情，物固自生。』

云将曰：『天降朕以德，示朕以默；躬身求之，乃今也得。』再拜稽

首，起辞而行。

世俗之人，皆喜人之同乎己而恶人之异于己也。同于己而欲之，异于己而不欲者，以出乎众为心也。夫以出乎众为心者，曷常出乎众哉？因众以宁所闻，不如众技众矣。而欲为人之国者，此揽乎三王之利而不见其患者也。此以人之国侥幸也。几何侥幸而不丧人之国乎？其存人之国也，无万分之一；而丧人之国也，一不成而万有余丧矣！悲夫，有土者之不知也！

夫有土者，有大物也。有大物者，不可以物。物而不物，故能物物。明乎物物者之非物也，岂独治天下百姓而已哉！出入六合，游乎九州，独往独来，是谓独有。独有之人，是谓至贵。

大人之教，若形之于影，声之于响。有问而应之，尽其所怀，为天下配。处乎无响，行乎无方。挈汝适复之挠挠，以游无端；出入无旁，与日无始；颂论形躯，合乎大同，大同而无己。无己，恶乎得有有？睹有者，昔之君子；睹无者，天地之友。

贱而不可不任者，物也；卑而不可不因者，民也；匿而不可不为者，事也；粗而不可不陈者，法也；远而不可不居者，义也；亲而不可不广者，仁也；节而不可不积者，礼也；中而不可不高者，德也；一而不可不易者，道也；神而不可不为者，天也。故圣人观于天而不助，成于德而不累，出于道而不谋，会于仁而不恃，薄于义而不积，应于礼而不讳，接于事而不辞，齐于法而不乱，恃于民而不轻，因于物而不去。物者莫足为也，而不可不为。不明于天者，不纯于德；不通于道者，无自而可；不明于道者，悲夫！何谓道？有天道，有人道。无为而尊者，天道也；有为而累者，人道也。主者，天道也；臣者，人道也。天道之与人道也，相去远矣，不可不察也。

天地第十二

天地虽大，其化均也；万物虽多，其治一也；人卒虽众，其主君也。君原于德而成于天。故曰：玄古之君天下，无为也，天德而已矣。

以道观言而天下之君正，以道观分而君臣之义明，以道观能而天下之

官治，以道泛观而万物之应备。故通于天者，道也；顺于地者，德也；行于万物者，义也；上治人者，事也；能有所艺者，技也。技兼于事，事兼于义，义兼于德，德兼于道，道兼于天。故曰：古之畜天下者，无欲而天下足，无为而万物化，渊静而百姓定。《记》曰：『通于一而万事毕，无心得而鬼神服。』

夫子曰：『夫道，覆载万物者也，洋洋乎大哉！君子不可以不刳心焉。无为为之之谓天，无为言之之谓德，爱人利物之谓仁，不同同之之谓大，行不崖异之谓宽，有万不同之谓富。故执德之谓纪，德成之谓立，循于道之谓备，不以物挫志之谓完。君子明于此十者，则韬乎其事心之大也，沛乎其为万物逝也。若然者，藏金于山，藏珠于渊；不利货财，不近贵富；不乐寿，不哀夭；不荣通，不丑穷。不拘一世之利以为己私分，不以王天下为己处显。显则明，万物一府，死生同状。』

夫子曰：『夫道，渊乎其居也，漻乎其清也。金石不得无以鸣。故金石有声，不考不鸣。万物孰能定之！

『夫王德之人，素逝而耻通于事，立之本原而知通于神，故其德广。其心之出，有物采之。故形非道不生，生非德不明。存形穷生，立德明道，非王德者邪？荡荡乎，忽然出，勃然动，而万物从之乎！此谓王德之人。

『视乎冥冥，听乎无声。冥冥之中，独见晓焉；无声之中，独闻和焉。故深之又深而能物焉，神之又神而能精焉。故其与万物接也，至无而供其求，时骋而要其宿。（大小、长短、修远。）』

黄帝游乎赤水之北，登乎昆仑之丘而南望。还归，遗其玄珠。使知索之而不得，使离朱索之而不得，使喫诟索之而不得也。乃使象罔，象罔得之。黄帝曰：『异哉！象罔乃可以得之乎？』

尧之师曰许由，许由之师曰啮缺，啮缺之师曰王倪，王倪之师曰被衣。

尧问于许由曰：『啮缺可以配天乎？吾藉王倪以要之。』

许由曰：『殆哉，圾乎天下！啮缺之为人也，聪明睿知，给数以敏，其性过人，而又乃以人受天。彼审乎禁过，而不知过之所由生。与之配天乎？彼且乘人而无天。方且本身而异形，方且尊知而火驰，方且为绪使，

方且为物絯，方且四顾而物应，方且应众宜，方且与物化而未始有恒。夫何足以配天乎？虽然，有族有祖，可以为众父而不可以为众父父。治，乱之率也，北面之祸也，南面之贼也。」

尧观乎华，华封人曰：「嘻，圣人！请祝圣人，使圣人寿。」

尧曰：「辞。」

「使圣人富。」

尧曰：「辞。」

「使圣人多男子。」

尧曰：「辞。」

封人曰：「寿、富、多男子，人之所欲也。汝独不欲，何邪？」

尧曰：「多男子则多惧，富则多事，寿则多辱。是三者，非所以养德也，故辞。」

封人曰：「始也我以汝为圣人邪，今然君子也。天生万民，必授之职。多男子而授之职，则何惧之有？富而使人分之，则何事之有？夫圣人，鹑居而彀食，鸟行而无彰。天下有道，则与物皆昌；天下无道，则修德就闲。千岁厌世，去而上仙，乘彼白云，至于帝乡。三患莫至，身常无殃，则何辱之有？」

封人去之，尧随之，曰：「请问。」

封人曰：「退已！」

尧治天下，伯成子高立为诸侯。尧授舜，舜授禹，伯成子高辞为诸侯而耕。禹往见之，则耕在野。禹趋就下风，立而问焉，曰：「昔尧治天下，吾子立为诸侯。尧授舜，舜授予，而吾子辞为诸侯而耕。敢问其故何也？」

子高曰：「昔尧治天下，不赏而民劝，不罚而民畏。今子赏罚而民且不仁，德自此衰，刑自此立，后世之乱自此始矣。夫子阖行邪？无落吾事！」挹挹乎耕而不顾。

泰初有无，无有无名；一之所起，有一而未形。物得以生谓之德；未形者有分，且然无间谓之命；留动而生物，物成生理谓之形；形体保神，各有仪则谓之性。性修反德，德至同于初。同乃虚，虚乃大。合喙鸣，

喙鸣合，与天地为合。其合缗缗，若愚若昏，是谓玄德，同乎大顺。

夫子问于老聃曰：『有人治道若相放，可不可，然不然。辩者有言曰：「离坚白，若县寓。」若是则可谓圣人乎？』

老聃曰：『是胥易技系，劳形怵心者也。执留之狗成思，猿狙之便自山林来。丘，予告若，而所不能闻与而所不能言。凡有首有趾、无心无耳者众，有形者与无形无状而皆存者尽无。其动止也，其死生也，其废起也，此又非其所以也。有治在人，忘乎物，忘乎天，其名为忘己。忘己之人，是之谓入于天。』

蒋将闾葂见季彻曰：『鲁君谓葂也曰：「请受教。」辞不获命。既已告矣，未知中否，请尝荐之。吾谓鲁君曰：「必服恭俭，拔出公忠之属而无阿私，民孰敢不辑！」』

季彻局局然笑曰：『若夫子之言，于帝王之德，犹螳螂之怒臂以当车轶，则必不胜任矣。且若是，则其自为处危，其观台多物，将往投迹者众。』

蒋闾葂覤覤然惊曰：『葂也汇若于夫子之所言矣！虽然，愿先生之言其风也。』

季彻曰：『大圣之治天下也，摇荡民心，使之成教易俗，举灭其贼心而皆进其独志，若性之自为，而民不知其所由然。若然者，岂兄尧、舜之教民，溟涬然弟之哉？欲同乎德而心居矣！』

子贡南游于楚，反于晋，过汉阴，见一丈人方将为圃畦，凿隧而入井，抱瓮而出灌，滑滑然用力甚多而见功寡。子贡曰：『有械于此，一日浸百畦，用力甚寡而见功多，夫子不欲乎？』

为圃者仰而视之曰：『奈何？』

曰：『凿木为机，后重前轻，挈水若抽，数如泆汤，其名为槔。』

为圃者忿然作色而笑曰：『吾闻之吾师，有机械者必有机事，有机事者必有机心。机心存于胸中则纯白不备，纯白不备则神生不定，神生不定者，道之所不载也。吾非不知，羞而不为也。』

子贡瞒然惭，俯而不对。有间，为圃者曰：『子奚为者邪？』

曰：『孔丘之徒也。』

为圃者曰：『子非夫博学以拟圣，於于以盖众，独弦哀歌以卖名声于天下者乎？汝方将忘汝神气，堕汝形骸，而庶几乎！汝身之不能治，而何暇治天下乎！子往矣，无乏吾事。』

子贡卑陬失色，顼顼然不自得，行三十里而后愈。其弟子曰：『向之人何为者邪？夫子何故见之变容失色，终日不自反邪？』

曰：『始吾以为天下一人耳，不知复有夫人也。吾闻之夫子：事求可，功求成，用力少，见功多者，圣人之道。今徒不然。执道者德全，德全者形全，形全者神全。神全者，圣人之道也。托生与民并行而不知其所之，汒乎淳备哉！功利机巧必忘夫人之心。若夫人者，非其志不之，非其心不为。虽以天下誉之，得其所谓，謷然不顾；以天下非之，失其所谓，傥然不受。天下之非誉无益损焉，是谓全德之人哉！我之谓风波之民。』

反于鲁，以告孔子。孔子曰：『彼假修浑沌氏之术者也。识其一，不识其二；治其内，而不治其外。夫明白入素，无为复朴，体性抱神，以游世俗之间者，汝将固惊邪？且浑沌氏之术，予与汝何足以识之哉！』

谆芒将东之大壑，适遇苑风于东海之滨。苑风曰：『子将奚之？』

曰：『将之大壑。』

曰：『奚为焉？』

曰：『夫大壑之为物也，注焉而不满，酌焉而不竭。吾将游焉。』

苑风曰：『夫子无意于横目之民乎？愿闻圣治。』

谆芒曰：『圣治乎？官施而不失其宜，拔举而不失其能，毕见其情事而行其所为，行言自为而天下化。手挠顾指，四方之民莫不俱至，此之谓圣治。』

『愿闻德人。』

曰：『德人者，居无思，行无虑，不藏是非美恶。四海之内共利之之谓悦，共给之之谓安。怊乎若婴儿之失其母也，傥乎若行而失其道也。财用有余而不知其所自来，饮食取足而不知其所从，此谓德人之容。』

『愿闻神人。』

曰：『上神乘光，与形灭亡，是谓照旷。致命尽情，天地乐而万事销

亡，万物复情，此之谓混冥。』

门无鬼与赤张满稽观于武王之师，赤张满稽曰：『不及有虞氏乎！故离此患也。』

门无鬼曰：『天下均治而有虞氏治之邪？其乱而后治之与？』

赤张满稽曰：『天下均治之为愿，而何计以有虞氏为！有虞氏之药疡也，秃而施髢，病而求医。孝子操药以修慈父，其色燋然，圣人羞之。至德之世，不尚贤，不使能；上如标枝，民如野鹿。端正而不知以为义，相爱而不知以为仁，实而不知以为忠，当而不知以为信，蠢动而相使不以为赐。是故行而无迹，事而无传。』

孝子不谀其亲，忠臣不谄其君，臣、子之盛也。亲之所言而然，所行而善，则世俗谓之不肖子；君之所言而然，所行而善，则世俗谓之不肖臣。而未知此其必然邪？世俗之所谓然而然之，所谓善而善之，则不谓之道谀之人也。然则俗故严于亲而尊于君邪？谓己道人，则勃然作色；谓己谀人，则怫然作色。而终身道人也，终身谀人也，合譬饰辞聚众也，是终始本末不相坐。垂衣裳，设采色，动容貌，以媚一世，而不自谓道谀；与夫人之为徒，通是非，而不自谓众人，愚之至也。知其愚者，非大愚也；知其惑者，非大惑也。大惑者，终身不解；大愚者，终身不灵。三人行而一人惑，所适者犹可致也，惑者少也；二人惑则劳而不至，惑者胜也。而今也以天下惑，予虽有祈向，不可得也。不亦悲乎！

大声不入于里耳，《折杨》、《皇荂》，则嗑然而笑。是故高言不止于众人之心，至言不出，俗言胜也。以二缶钟惑，而所适不得矣。而今也以天下惑，予虽有祈向，其庸可得邪！知其不可得也而强之，又一惑也，故莫若释之而不推。不推，谁其比忧？厉之人，夜半生其子，遽取火而视之，汲汲然唯恐其似己也。

百年之木，破为牺尊，青黄而文之，其断在沟中。比牺尊于沟中之断，则美恶有间矣，其于失性一也。跖与曾、史，行义有间矣，然其失性均也。且夫失性有五：一曰五色乱目，使目不明；二曰五声乱耳，使耳不聪；三曰五臭熏鼻，困惾中颡；四曰五味浊口，使口厉爽；五曰趣舍滑心，使

性飞扬。此五者，皆生之害也。而杨、墨乃始离跂自以为得，非吾所谓得也。夫得者困，可以为得乎？则鸠鸮之在于笼也，亦可以为得矣。且夫趣舍声色以柴其内，皮弁、鹬冠、搢笏、绅修以约其外。内支盈于柴栅，外重纆缴，晥晥然在纆缴之中而自以为得，则是罪人交臂历指而虎豹在于囊槛，亦可以为得矣！

天道第十三

天道运而无所积，故万物成；帝道运而无所积，故天下归；圣道运而无所积，故海内服。明于天，通于圣，六通四辟于帝王之德者，其自为也，昧然无不静者矣。圣人之静也，非曰静也善，故静也；万物无足以铙心者，故静也。水静则明烛须眉，平中准，大匠取法焉。水静犹明，而况精神！圣人之心静乎！天地之鉴也，万物之镜也。夫虚静、恬淡、寂漠、无为者，天地之平而道德之至也。故帝王圣人休焉。休则虚，虚则实，实则伦矣。虚则静，静则动，动则得矣。静则无为，无为也，则任事者责矣。无为则俞俞。俞俞者，忧患不能处，年寿长矣。夫虚静、恬淡、寂漠、无为者，万物之本也。明此以南乡，尧之为君也；明此以北面，舜之为臣也。以此处上，帝王天子之德也；以此处下，玄圣素王之道也。以此退居而闲游，江海山林之士服；以此进为而抚世，则功大名显而天下一也。静而圣，动而王，无为也而尊，朴素而天下莫能与之争美。

夫明白于天地之德者，此之谓大本大宗，与天和者也。所以均调天下，与人和者也。与人和者，谓之人乐；与天和者，谓之天乐。

庄子曰：『吾师乎，吾师乎！䪡万物而不为戾，泽及万世而不为仁，长于上古而不为寿，覆载天地、刻雕众形而不为巧。此之谓天乐。故曰：知天乐者，其生也天行，其死也物化。静而与阴同德，动而与阳同波。故知天乐者，无天怨，无人非，无物累，无鬼责。故曰：其动也天，其静也地，一心定而王天下；其魄不祟，其魂不疲，一心定而万物服。言以虚静推于天地，通于万物，此之谓天乐。天乐者，圣人之心以畜天下也。』

夫帝王之德，以天地为宗，以道德为主，以无为为常。无为也，则用天下而有余；有为也，则为天下用而不足。故古之人贵夫无为也。上无为

也，下亦无为也，是下与上同德，下与上同德则不臣；下有为也，上亦有为也，是上与下同道，上与下同道则不主。上必无为而用天下，下必有为为天下用。此不易之道也。

故古之王天下者，知虽落天地，不自虑也；辩虽雕万物，不自说也；能虽穷海内，不自为也。天不产而万物化，地不长而万物育，帝王无为而天下功。故曰：莫神于天，莫富于地，莫大于帝王。故曰：帝王之德配天地。此乘天地，驰万物，而用人群之道也。

本在于上，末在于下；要在于主，详在于臣。三军五兵之运，德之末也；赏罚利害，五刑之辟，教之末也；礼法度数，刑名比详，治之末也；钟鼓之音，羽旄之容，乐之末也；哭泣衰绖，隆杀之服，哀之末也。此五末者，须精神之运，心术之动，然后从之者也。

末学者，古人有之，而非所以先也。君先而臣从，父先而子从，兄先而弟从，长先而少从，男先而女从，夫先而妇从。夫尊卑先后，天地之行也，故圣人取象焉。天尊地卑，神明之位也；春夏先，秋冬后，四时之序也；万物化作，萌区有状，盛衰之杀，变化之流也。夫天地至神矣，而有尊卑先后之序，而况人道乎！宗庙尚亲，朝廷尚尊，乡党尚齿，行事尚贤，大道之序也。语道而非其序者，非其道也。语道而非其道者，安取道！

是故古之明大道者，先明天而道德次之，道德已明而仁义次之，仁义已明而分守次之，分守已明而形名次之，形名已明而因任次之，因任已明而原省次之，原省已明而是非次之，是非已明而赏罚次之。赏罚已明而愚知处宜，贵贱履位，仁贤不肖袭情，必分其能，必由其名。以此事上，以此畜下，以此治物，以此修身，知谋不用，必归其天，此之谓大平，治之至也。

故书曰：『有形有名。』形名者，古人有之，而非所以先也。古之语大道者，五变而形名可举，九变而赏罚可言也。骤而语形名，不知其本也；骤而语赏罚，不知其始也。倒道而言，迕道而说者，人之所治也，安能治人？骤而语形名赏罚，此有知治之具，非知治之道。可用于天下，不足以用天下，此之谓辩士，一曲之人也。礼法数度，形名比详，古人有之，此下之所以事上，非上之所以畜下也。

昔者舜问于尧曰：『天王之用心何如？』

尧曰：『吾不敖无告，不废穷民，苦死者，嘉孺子而哀妇人，此吾所以用心已。』

舜曰：『美则美矣，而未大也。』

尧曰：『然则何如？』

舜曰：『天德而出宁，日月照而四时行，若昼夜之有经，云行而雨施矣。』

尧曰：『胶胶扰扰乎！子，天之合也；我，人之合也。』

夫天地者，古之所大也，而黄帝、尧、舜之所共美也。故古之王天下者，奚为哉？天地而已矣！

孔子西藏书于周室。子路谋曰：『由闻周之征藏史有老聃者，免而归居。夫子欲藏书，则试往因焉。』

孔子曰：『善。』

往见老聃，而老聃不许，于是缮十二经以说。

老聃中其说，曰：『大谩，愿闻其要。』

孔子曰：『要在仁义。』

老聃曰：『请问：仁义，人之性邪？』

孔子曰：『然，君子不仁则不成，不义则不生。仁义，真人之性也，又将奚为矣？』

老聃曰：『请问：何谓仁义？』

孔子曰：『中心物恺，兼爱无私，此仁义之情也。』

老聃曰：『意，几乎后言！夫兼爱，不亦迂乎！无私焉，乃私也。夫子若欲使天下无失其牧乎？则天地固有常矣，日月固有明矣，星辰固有列矣，禽兽固有群矣，树木固有立矣。夫子亦放德而行，遁道而趋，已至矣！又何偈偈乎揭仁义，若击鼓而求亡子焉？意，夫子乱人之性也。』

士成绮见老子而问曰：『吾闻夫子圣人也，吾固不辞远道而来愿见，百舍重趼而不敢息。今吾观子非圣人也。鼠壤有余蔬而弃妹之者，不仁也。生熟不尽于前，而积敛无崖。』

老子漠然不应。

士成绮明日复见，曰：『昔者吾有刺于子，今吾心正郤矣，何故也？』

老子曰：『夫巧知神圣之人，吾自以为脱焉。昔者子呼我牛也而谓之牛，呼我马也而谓之马。苟有其实，人与之名而弗受，再受其殃。吾服也恒服，吾非以服有服。』

士成绮雁行避影，履行遂进，而问：『修身若何？』

老子曰：『而容崖然，而目冲然，而颡頯然，而口阚然，而状义然，似系马而止也。动而持，发也机，察而审，知巧而睹于泰，凡以为不信。边竟有人焉，其名为窃。』

夫子曰：『夫道，于大不终，于小不遗，故万物备。广广乎其无不容也，渊渊乎其不可测也。形德仁义，神之末也，非至人孰能定之！夫至人有世，不亦大乎，而不足以为之累；天下奋柄而不与之偕；审乎无假而不与利迁；极物之真，能守其本。故外天地，遗万物，而神未尝有所困也。通乎道，合乎德，退仁义，宾礼乐，至人之心有所定矣。』

世之所贵道者，书也。书不过语，语有贵也。语之所贵者，意也，意有所随。意之所随者，不可以言传也，而世因贵言传书。世虽贵之，我犹不足贵也，为其贵非其贵也。故视而可见者，形与色也；听而可闻者，名与声也。悲夫！世人以形色名声为足以得彼之情！夫形色名声，果不足以得彼之情，则知者不言，言者不知，而世岂识之哉！

桓公读书于堂上，轮扁斫轮于堂下，释椎凿而上，问桓公曰：『敢问，公之所读者，何言邪？』

公曰：『圣人之言也。』

曰：『圣人在乎？』

公曰：『已死矣。』

曰：『然则君之所读者，古人之糟粕已夫！』

桓公曰：『寡人读书，轮人安得议乎！有说则可，无说则死。』

轮扁曰：『臣也以臣之事观之。斫轮，徐则甘而不固，疾则苦而不入。不徐不疾，得之于手而应于心，口不能言，有数存乎其间。臣不能以喻臣之

卷十

子，臣之子亦不能受之于臣，是以行年七十而老斫轮。古之人与其不可传也死矣，然则君之所读者，古人之糟粕已夫！』

天运第十四

『天其运乎？地其处乎？日月其争于所乎？孰主张是？孰维纲是？孰居无事推而行是？意者其有机缄而不得已邪？意者其运转而不能自止邪？云者为雨乎？雨者为云乎？孰隆施是？孰居无事淫乐而劝是？风起北方，一西一东，有上彷徨，孰嘘吸是？孰居无事而披拂是？敢问何故？』

巫咸袑曰：『来，吾语女。天有六极五常，帝王顺之则治，逆之则凶。九洛之事，治成德备，临照下土，天下戴之，此谓上皇。』

商大宰荡问仁于庄子。庄子曰：『虎狼，仁也。』

曰：『何谓也？』

庄子曰：『父子相亲，何为不仁？』

曰：『请问至仁。』

庄子曰：『至仁无亲。』

大宰曰：『荡闻之，无亲则不爱，不爱则不孝。谓至仁不孝，可乎？』

庄子曰：『不然，夫至仁尚矣，孝固不足以言之。此非过孝之言也，不及孝之言也。夫南行者至于郢，北面而不见冥山，是何也？则去之远也。故曰：以敬孝易，以爱孝难；以爱孝易，以忘亲难；忘亲易，使亲忘我难；使亲忘我易，兼忘天下难；兼忘天下易，使天下兼忘我难。夫德遗尧、舜而不为也，利泽施于万世，天下莫知也，岂直太息而言仁孝乎哉！夫孝悌仁义，忠信贞廉，此皆自勉以役其德者也，不足多也。故曰：至贵，国爵并焉；至富，国财并焉；至愿，名誉并焉。是以道不渝。』

北门成问于黄帝曰：『帝张咸池之乐于洞庭之野，吾始闻之惧，复闻之怠，卒闻之而惑，荡荡默默，乃不自得。』

帝曰：『汝殆其然哉！吾奏之以人，徵之以天，行之以礼义，建之以太清。夫至乐者，先应之以人事，顺之以天理，行之以五德，应之以自然。然后调理四时，太和万物。四时迭起，万物循生；一盛一衰，文武伦经；

国学十三经

一清一浊，阴阳调和，流光其声；蛰虫始作，吾惊之以雷霆；其卒无尾，其始无首；一死一生，一偾一起；所常无穷，而一不可待。汝故惧也。

『吾又奏之以阴阳之和，烛之以日月之明。其声能短能长，能柔能刚；变化齐一，不主故常；在谷满谷，在阬满阬；涂郤守神，以物为量；其声挥绰，其名高明。是故鬼神守其幽，日月星辰行其纪。吾止之于有穷，流之于无止。子欲虑之而不能知也，望之而不能见也，逐之而不能及也。傥然立于四虚之道，倚于槁梧而吟。「目知穷乎所欲见，力屈乎所欲逐，吾既不及已夫！」形充空虚，乃至委蛇。汝委蛇，故怠。

『吾又奏之以无怠之声，调之以自然之命。故若混逐丛生，林乐而无形；布挥而不曳，幽昏而无声。动于无方，居于窈冥；或谓之死，或谓之生；或谓之实，或谓之荣；行流散徙，不主常声。世疑之，稽于圣人。圣也者，达于情而遂于命也。天机不张而五官皆备。此之谓天乐，无言而心说。故有焱氏为之颂曰：「听之不闻其声，视之不见其形，充满天地，苞裹六极。」汝欲听之而无接焉，而故惑也。乐也者，始于惧，惧故祟；吾又次之以怠，怠故遁；卒之于惑，惑故愚；愚故道，道可载而与之俱也。』

孔子西游于卫，颜渊问师金曰：『以夫子之行为奚如？』

师金曰：『惜乎！而夫子其穷哉！』

颜渊曰：『何也？』

师金曰：『夫刍狗之未陈也，盛以箧衍，巾以文绣，尸祝齐戒以将之。及其已陈也，行者践其首脊，苏者取而爨之而已。将复取而盛以箧衍，巾以文绣，游居寝卧其下，彼不得梦，必且数眯焉。今而夫子亦取先王已陈刍狗，聚弟子游居寝卧其下。故伐树于宋，削迹于卫，穷于商、周，是非其梦邪？围于陈蔡之间，七日不火食，死生相与邻，是非其眯邪？

『夫水行莫如用舟，而陆行莫如用车。以舟之可行于水也，而求推之于陆，则没世不行寻常。古今非水陆与？周、鲁非舟车与？今蕲行周于鲁，是犹推舟于陆也，劳而无功，身必有殃。彼未知夫无方之传，应物而不穷者也。

『且子独不见夫桔槔者乎？引之则俯，舍之则仰。彼，人之所引，非引

人也，故俯仰而不得罪于人。故夫三皇五帝之礼义法度，不矜于同而矜于治。故譬三皇五帝之礼义法度，其犹柤梨橘柚邪！其味相反而皆可于口。

『故礼义法度者，应时而变者也。今取猿狙而衣以周公之服，彼必龁啮挽裂，尽去而后慊。观古今之异，犹猿狙之异乎周公也。故西施病心而矉其里，其里之丑人见之而美之，归亦捧心而矉其里。其里之富人见之，坚闭门而不出；贫人见之，挈妻子而去走。彼知矉美而不知矉之所以美。惜乎，而夫子其穷哉！』

孔子行年五十有一而不闻道，乃南之沛见老聃。

老聃曰：『子来乎？吾闻子，北方之贤者也。子亦得道乎？』

孔子曰：『未得也。』

老子曰：『子恶乎求之哉？』

曰：『吾求之于度数，五年而未得也。』

老子曰：『子又恶乎求之哉？』

曰：『吾求之于阴阳，十有二年而未得。』

老子曰：『然。使道而可献，则人莫不献之于其君；使道而可进，则人莫不进之于其亲；使道而可以告人，则人莫不告其兄弟；使道而可以与人，则人莫不与其子孙。然而不可者，无它也，中无主而不止，外无正而不行。由中出者，不受于外，圣人不出；由外入者，无主于中，圣人不隐。名，公器也，不可多取；仁义，先王之蘧庐也，止可以一宿而不可久处，觏而多责。

『古之至人，假道于仁，托宿于义，以游逍遥之虚，食于苟简之田，立于不贷之圃。逍遥，无为也；苟简，易养也；不贷，无出也。古者谓是采真之游。以富为是者，不能让禄；以显为是者，不能让名。亲权者，不能与人柄。操之则栗，舍之则悲，而一无所鉴，以窥其所不休者，是天之戮民也。怨、恩、取、与、谏、教、生、杀八者，正之器也，唯循大变无所湮者为能用之。故曰：正者，正也。其心以为不然者，天门弗开矣。』

孔子见老聃而语仁义。老聃曰：『夫播糠眯目，则天地四方易位矣；蚊虻噆肤，则通昔不寐矣。夫仁义憯然，乃愤吾心，乱莫大焉。吾子使天下

无失其朴，吾子亦放风而动，总德而立矣，又奚杰杰然若负建鼓而求亡子者邪？夫鹄不日浴而白，乌不日黔而黑。黑白之朴，不足以为辩；名誉之观，不足以为广。泉涸，鱼相与处于陆，相呴以湿，相濡以沫，不若相忘于江湖。』

孔子见老聃归，三日不谈。弟子问曰：『夫子见老聃，亦将何规哉？』

孔子曰：『吾乃今于是乎见龙。龙，合而成体，散而成章，乘云气而养乎阴阳。予口张而不能嗋，予又何规老聃哉？』

子贡曰：『然则人固有尸居而龙见，雷声而渊默，发动如天地者乎？赐亦可得而观乎？』遂以孔子声见老聃。

老聃方将倨堂而应，微曰：『予年运而往矣，子将何以戒我乎？』

子贡曰：『夫三皇五帝之治天下不同，其系声名一也。而先生独以为非圣人，如何哉？』

老聃曰：『小子少进！子何以谓不同？』

对曰：『尧授舜，舜授禹，禹用力而汤用兵，文王顺纣而不敢逆，武王逆纣而不肯顺，故曰不同。』

老聃曰：『小子少进，余语汝三皇五帝之治天下。黄帝之治天下，使民心一，民有其亲死不哭而民不非也。尧之治天下，使民心亲，民有为其亲杀其杀而民不非也。舜之治天下，使民心竞，民孕妇十月生子，子生五月而能言，不至乎孩而始谁，则人始有夭矣。禹之治天下，使民心变，人有心而兵有顺，杀盗非杀人，自为种而天下耳。是以天下大骇，儒墨皆起。其作始有伦，而今乎妇，汝何言哉？余语汝。三皇五帝之治天下，名曰治之，而乱莫甚焉。三皇之知，上悖日月之明，下睽山川之精，中堕四时之施。其知憯于蛎虿之尾，鲜规之兽，莫得安其性命之情者，而犹自以为圣人，不可耻乎？其无耻也！』

子贡蹴蹴然立不安。

孔子谓老聃曰：『丘治《诗》、《书》、《礼》、《乐》、《易》、《春秋》六经，自以为久矣，孰知其故矣；以奸者七十二君，论先王之道而明周、召之迹，一君无所钩用。甚矣夫！人之难说也，道之难明邪？』